세월에게 묻는다

이원문
제31집

세월에게 묻는다

이원문 지음

책나무

| 차례 |

잃어버린 노을 · 11 / 말(馬)과 함께 20년 · 12 / 머슴의 꿈 · 14 / 겨울 고독 · 15 / 미시령 · 16 / 삶의 언덕 · 17 / 그림자의 일기 · 18 / 벌 나비의 일기 · 19 / 사원 모집 · 20 / 저무는 겨울 · 21 / 딸아 · 22 / 강냉이죽 · 23 / 가랑잎 인연 · 24 / 기억의 그리움 · 25 / 가냘픈 슬픔 · 26 / 노을의 약속 · 27 / 까치의 그믐 · 28 / 고향 처녀 · 31 / 무당의 아들 · 32 / 양지의 설날 · 34

제2부

아기의 별 · 37 / 앙금 · 38 / 두 아내의 일기 · 40 / 일생 · 42 / 할머니의 호박 · 43 / 고향의 굴뚝 · 44 / 섣달그믐 · 46 / 삭정이 형제 · 47 / 타향의 설 · 48 / 기다림의 봄 · 50 / 바다 · 51 / 추억의 설 · 52 / 설 짐 · 53 / 어떤 사연 · 54 / 설 석양 · 55 / 친구의 얼굴 · 56 / 개울의 설 · 58 / 바다의 설 · 59 / 남자와 여자 · 60 / 봄소식 · 61 / 서운한 설 · 62

보리밭의 노을 · 65 / 우물 둥치의 봄 · 66 / 정월 대보름 · 67 / 작은 풍경 · 68 / 사랑 · 69 / 옥녀봉 · 70 / 봄 바다 · 71 / 추억의 온돌 · 72 / 사랑의 꿈 · 74 / 바위의 그리움 · 76 / 나그네의 노을 · 77 / 스쳐 간 사람들 · 78 / 남자 등 굽는 날 · 80 / 봄 변또(도시락) · 81 / 가족 싸움 · 84 / 오빠의 봄 · 86 / 벌의 세월 · 87 / 외로운 길 · 88 / 보름달 · 89 / 봄 이야기 · 90

제4부

봄 언덕 · 93 / 보름의 봄 · 94 / 냉이의 바람 · 96 / 봄 젖 · 98 / 까마귀의 봄 · 99 / 작은 하늘 · 100 / 김일성 동지 · 101 / 삶의 길목 · 102 / 조용한 시간 · 103 / 그 바다 · 104 / 3.1절을 앞두고 · 105 / 냇가의 봄 · 106 / 병아리의 꿈 · 107 / 섬 그늘 · 108 / 나룻배 인생 · 109 / 보리밭의 달 · 110 / 첫사랑의 봄 · 111 / 화롯불의 봄 · 112 / 소꿉의 봄 · 114 / 병원 문을 나서며 · 115

제1부

잃어버린 노을

눈물 없이 울었다
저 노을이
그때
그 노을이 아니었나

이 섬 쪽 노을은
약속의 노을이고
흐려지는 저 노을은
맹세의 노을이었고

만남이 부르는
어리는 모습
미련도 그리움도
추억에 묻는다

말(馬)과 함께 20년

주의

말은 450kg 기준으로 볼 때
250kg은 몸무게 지탱하는데 쓰이고
나머지 200kg은 뒷발차기에 쓰입니다
쉽게 말해서 물 1드럼 무게를 순간 날린다는 것이지요
그 순간 충격 또한 200kg의 10배 2ton 정도 되고요
차이면 남아날 것이 없어요
그 추진력으로 빠르게 달린 답니다
동물 왕국에서도 어느 동물이든
말 뒤로 가는 동물이 없습니다
꼭 앞에서 목을 물지요
이토록 위험하므로 말에 대한
주의해야 할 점을 말씀 드립니다

1. 말은 앞에서도 뒤를 다 보고 있습니다
   앞뒤를 모두 보고 살아가지요

   *(말 뒤에 절대 가까이 가서는 안 됩니다)

2. 말은 말밥 욕심이 많습니다
   다는 아니어도 대부분 그렇습니다

*(먹이 먹는데 가까이 가면 물어뜯습니다)

3. 말은 청각 후각이 발달하여
못 듣던 소리나 갑작스런 동작을 보면 놀래 걷어찹니다

*(이상한 소리나 자극 주는 냄새를 삼가십시오)

4. 말은 신경이 예민하므로 자연스럽게 대해주고
예쁘다 해야 합니다

*(승마 시 마음이 긴장되더라도 자연스러운 척하십시오)

5. 말은 온순하고 착한 말이 없습니다
있어도 본능적 동작이 항상 잠재되어 있습니다

* (놀리거나 말 앞에서 침 뱉지 말고 화난 표정 자만 및 그 이상
행동을 삼가십시오)

* 이상으로 주의 사항을 말씀드렸습니다

머슴의 꿈

이 한 짐 나무 보며
무어라 짖어대나
아니면 나에게
무엇을 가르치나
나뭇가지에 앉은 새
자리 옮겨 날아가고
양지 녘 기슭
방울새 날아든다

적막의 새 소리에
남겨진 세월인가
찾는 이 보는 이
누가 나를 바라볼까
없는 죄 가난에 작대기에 기댄 인생
짊어진 지게에 나무만 올렸을까
인연 없어 못 찾은 짝
나 이대로 늙어야 하나

겨울 고독

첫닭 울음에
쌓이는 삶
이 생각 저 생각
먼동을 부른다

아궁이에 지핀 불
빨간 저 불꽃은
누구의 영혼인가
노란 이 불꽃은
내 영혼인 것 같고

고요의 새벽
불타는 소리
타드는 부지깽이
솥뚜껑 울린다

미시령

바람이 밀어주는 미시령 고개
고갯마루 오르니 다시 끌어내린다
이리로 가야 하나 다시 내려가야 하나
허리춤 점심에 오고 가는 마음
돌아보면 먼바다에 하늘만 보인다

굳히고 굳힌 마음 바람 안은 타향 길
구불구불 내리막길 여기가 어디인가
몇십 리 길 오두막집 옥수수 걸려 있고
저문 날 묵어갈 집 누가 나를 반겨주나
뼈아픈 운명의 길 봇짐에 잠이 든다

삶의 언덕

거치른 세상

언덕 많은 세상

이름은 내 것인데

세월은 내 것이 아니었다

그림자의 일기

디딘 발 부끄럽다
곧고 곧다 하면서
발자국 삐뚤었고
욕심 없다 하면서
나 늘리고 줄였다

뒤 따라다닌 곳에
갈 곳만 있었겠나
피할 곳도 있었고
버리고 얻은 것에
추함도 섞였었다

벌 나비의 일기

이 꽃도
앉아 보았고
저 꽃도
앉아 보았다

꿀마다
쓴맛 단맛
다 다르고
향기도 다 달랐다

크고 작은 꽃송이에
자란 곳에 꽃잎
낙화의 날도
다 달랐다

사원 모집

이력서에 솥뚜껑 경력 올려놓고 기다리던 날
까마득히 추억 저 멀리 가버린 날
그 많은 일터 통근 버스 다 어디 갔나
연탄불 월세방 살이 슬레이트집
그래도 그때의 정이 정 같지 않았나
주판 잘 놓는 아이 경리로 뽑히고
솜씨 좋은 아이 기술직으로 뽑히던 날
공원 사원으로 나뉘어 올려보고 내려보고

숨겨온 사랑 들통나 얼굴 붉히던 날
도움으로 정 얻어 짝 찾아 결혼하고
동생 두고 일찍 짝 찾았다 혼났던 기억들
그 자취방 이불 하나로 행복했던 날
이고 온 엄마의 쌀 두 말에 한 달 월급 가불하고
슈퍼에 외상값 많아 외상 못 얻어 울던 날
이제야 엄마의 마음 헤아려 드립니다
지팡이에 힘 실린 우리 엄마의 마음을……

저무는 겨울

추워도 춥다
말 못하는 나무들
움 틔울 날의 꿈인가
기슭마다 뿌연히
새 울음 다르고

진달래꽃 몽우리
아이들 기다린다
바람 소리 무뎌진 듯
날짜의 봄소식은
아직 저 멀리서 기다리는데

딸아

엄마
어떻게 해
아버지에게
이야기하지 마
하지 마 엄마

엄마
그리고 그 사람
요즘 안 보여
밤하늘 달이 아닌
내달이 차가는데

엄마
길인 줄 알았어
짓이 아니라
며칠에 섞인 꿈
그것이 다 인줄 알았고

강냉이죽

그때를 아십니까
그 시절을 아십니까
어쩌면 그대로 묻힐 줄 모를
뼈저린 아픔의 기억들
그 강냉이죽 마저 빼앗긴 아이
그 어린 가슴에 상처 그 상처
지금도 그 상처 아물지 않고 있습니다

죽 한 끼니에 울고 웃던 날
밥풀 한 톨이 아까워 그릇 긁는 소리 나던 날
그 아이의 소원은 고봉밥이었고
참을 수 있는 추위보다 더 추운 것은
배고픔의 추위였습니다
이 서러움 저 서러움 다 있다 한들
바람막이 양지 녘 배고픔의 서러움 밖에……

가랑잎 인연

자랑할 것 없는
서로의 인연
구르는 가랑잎과
무엇이 다를까
채운 것 없으니
가벼워 굴리고
부족함에 무시하여
마음대로 굴렀나
돌멩이는 어찌하여
못 굴리고 지나쳤나
시간으로 채우고
세월로 굳히는 날
바뀐 처지에도
그렇게 할 것인가
잠시 머문 이 세상
시간도 세월도
내 것이 아님을
그렇게 내 것처럼
그런 줄만 아는가
어디서 언제 누가
짧다 할지 모를 세상

기억의 그리움

뚜렷한 듯

흐려지는

멀어진 얼굴

그 모습 못 잊어

이름 속에 묻는다

바랜 속삭임일까

기억의 몇 마디에

숨고 싶은 마음

걸었던 길 나팔꽃에

다시 숨겨 놓는다

가냘픈 슬픔

눈물은

내 것인데

이 운명은

나의 것이

아니었다

노을의 약속

해 저문 이 해변

나 여기에 와야 했나

그 갈매기 울음

못 잊을 속삭임

발자국까지 휩쓸려

물거품에 섞이고

하염없이 흐르는 눈물

옛 노을에 젖어든다

까치의 그믐

밤새 부는 바람에 시리고
문풍지 울음에 서럽더니
정월을 부르는 그믐이 밝았구나
저 나무 위 까치 울음으로 보아
누가 올 것 같기는 한데
오늘 누가 오려나
참 팔자도 더럽지
어떻게 이런 세월을 만나게 됐나
난리에 서방 집 나가고
자식 하나 병으로 먼저 가니
며느리 붙들고 있으면 뭐하나
며느리도 인생이 있는데
흩어진 가족 이래저래 손 끊기고
하나 남은 먼 친척 소식 없으니
그믐날 누가 나를 들여다볼까
에미 뗀 손주 양놈에게
보낸지도 꽤나 오래 됐는데
저 비양기(비행기)에 실려 오려나
짖어대는 까치 울음도 힘이 없구나
꾸벅 졸다 한 번 짖고
또 꾸뻑대다 두리번거리고
알 수 없는 것이 인생이라더니

이런 팔자 이런 인생도 다 있나
친정도 그렇지 오라비 하나 남은 것
작년에 그렇게 떠나고
딸만 낳아 남의 집 보냈으니
그년들이 초하룻날 나를 찾기나 할런지
이제 해 저물면 또 한 살 들겠지
이 늙은 귀신에 한 살 더 얹으니
젊은것들이 얼마나 더 보기 싫을까
몸뚱이도 말을 안 듣는구나
성한 몸에 쓰레질이라도 해줄 때에는
그렇게도 잘 찾더니 이제 하루 한 달
건너뛰고 그나마 연락을 끊는구나
저희들보고 이 송장 치우라 할까 그러나
잠깐이다 잠깐 너희들도
며칠 안 남았어 지금 너희 머리에
흰머리 섞이지 않았는지
그 머리 두서너 밤 자면 이렇게 될 것인데
세월을 모르는구나
정도 있어서 정이고 도와줄 때나 정이지
이 몸뚱이로 정 찾으니 세월이 부끄럽구나
누가 나를 사람으로 치겠니
오늘 저녁 눈감으면

이 꼴 저 꼴 다 안 볼 것인데
쇠심줄 같은 목숨 끊어지지 않으니
전생에 무슨 죄를 많이 지었나
이제 날 저무니 몸 추슬러
화롯불이나 담아 들여놓고
끼니는 무엇으로 때우나
어이 죽어야 하는데 죽어지지는 않고
산목숨 못 끊어 이 고생을 하다니
초하룻날 까치 짖음보다
까마귀나 울어댔으면……

고향 처녀

찔레 순 꺾어 쥐고
마주 보던 날
우리 그때
무슨 이야기 했었지
아주 어릴 적
보리밭 둑에서

나물 캐던 그 날
냉이는 흔했어도
달래는 그리 많지 않았었지
달래 한 줌 캐어
바구니에 담아줄 때
네가 한 말 기억하고 있는지

이제 나누어 쥔
찔레 순에 꽃피었고
바구니에 나물도
가득 채워 주었으니
기억의 그 한마디
꼭 기억해주길 바라

무당의 아들

나는 무당의
양아들로
밥 얻어먹어라
보내졌었다

밥보다 더 많이 얻은
수많은 교훈
그 많은 사람의
오고 간 마음들

그리고 깨우친
다음의 세상
정월 한밤중
산에 오르내려도

나는 무섭지 않았다
표현 못 할 느낀 점도 많다
한마디 하고 싶은 말
사람들아 이 좋은 세상

좋게 하고 떠나거라
보고 듣는 것은

스치는 바람과 같은 것이니

좋게 하고 떠나거라

양지의 설날

짚가리 밖
아이들 노는 소리
멀리서 들리는구나
띄운 연 하늘 높이
꼬리치며 반겨주고
이 연줄에 매달린 설
이웃집 떡 한 가락에
찾은 양지 따뜻하다
누더기의 서운한 설
내일이면 또 허기질 것인데

제2부

아기의 별

아기별 가물가물

숨을 듯 넘을 듯

아가의 꿈 아쉬워

서산에 머문다

방긋 웃는 아가의 꿈

어느 별 찾아갈까

엄마 품 그리워

꿈에서 깨어난다

앙금

내가 있어
위가 있고
내가 있어
아래가 있어요

필요로 하니
거둬 담고
필요로 하니
거둬버리고요

크고 작은
그릇 안
내가 없으면
어떠할까요

아니면
내가 있어
필요로 하니
담고 나누었고요

물과 그릇이
이 마음을 알까요

내가 있어 이 자리에
존재한다는 것을요

두 아내의 일기

여보 미안해요
두 둥지 당신의 거짓
거짓이 아니고
진실이에요
진실로 믿고 있어요
옛사랑에 머물러준다면
조강지처가 아닌
조강지첩도 괜찮아요

여보 나 믿을 수 있지요
믿어준다면 큰집 다녀오세요
오가며 하는 거짓
거짓이 아니고 진실이에요
무엇이든 나누어 주려는 마음
그 마음의 겉이 거짓이겠지요
두 여자 욕심이 불러들인 것이
당신을 추하게 만든 거짓이었고요

두 둥지의 당신
얼마나 힘들겠어요
누구의 이야기든 귓전 밖 소리가 아닌
귓전 안의 소리로 들릴 것이고요

사계절의 가을인 듯 이제 세월도 저물어가네요
욕심도 세월에 바래어 남은 시간에 매달렸어요
남은 정 하나 당신 먼저 떠나지 마세요
까마귀 우는 그다음 다음 날 뒤 따라오세요

일생

당신은 지금
어느 곳을 바라보고 계십니까

버린 옷을
기억하고 있는지요

그 옷들이
따뜻하게만 해주었습니까

내디딘 발
다시 보고 만져주십시오

할머니의 호박

오늘따라 생각이 깊으신 할머니
뭘 연구하실까
화롯불 헤쳐 담뱃불 붙이고
찢어진 문틈으로 밖을 내다보신다
되새김질 누렁이 소 보며
중얼거리는 할머니
점심나절 햇살 들어오니
장독대 올라 시루 꺼내어 닦아놓고
에비야 부르며 절구통 꺼내라 하신다

꺼내어 놓은 절구통에 거미줄 거둬내는 할머니
절구통 닦아 햇볕에 말리고
가을 방아 찧을 때 얻어온
두서너 됫박의 싸라기를 물에 담그신다
그러시더니 가을에 말려둔
다락에 호박고지를 꺼내어
부엌으로 들어가시며 하시는 말씀
얘들아 마른 장작만 골라
아궁이 앞에 놓거라 하신다

고향의 굴뚝

선달그믐이라
정월 초하루
이 집 저 집 아침 연기
하늘 높이 오른다

흩어진 연기
끊어진 연기
휘어진 연기
장대 높이 오르는 연기

연기로 가늠하는
초하루의 아침
기쁨과 슬픔이
아이들을 춥게 한다

누구의 집 연기가
장대 높이 오르고
누구의 집 연기가
잠깐으로 끊어질까

바람불어 흩어지고
냉기로 휘어지고

아침 연기 없는 집
점심 연기로 대신한다

섣달그믐

삭정이 올리는

까치에게 묻는다

섣달그믐이어도

집을 지어야 하는지

삭정이 형제

칡넝쿨 잇고 이어
주워 모은 삭정이
우는 동생 달래며
얼마를 모았나

끌고 들고
가시에 긁히고
비탈길 내려오며
울고 울었던 날

긁힌 상처는
흙 발라 낳았는데
찢어진 고무신은
아직도 못 꿰맸다

타향의 설

오라 하는데 없고
갈 때도 없다
한 집 건너 닫힌 문
음식점마다 휴무라 하고
썰렁한 거리에
골목도 조용하다
그 많은 사람 다 어디 갔나
월세방 타향살이 서글픈 마음
누구의 이름이라도 불러보고 싶고
아는 이 붙들어 술 한 잔하고 싶다

여기 가면 먹을 것이 있나
저기 가면 술 한잔할 수 있나
이 골목 저 골목 기웃대며 걸어도
입에 맞는 순댓국집 찾을 수 없다
그렇다고 돈 많아 고급 집 갈 수 없고
간다 해도 품삯 보면 갈 수가 없다
고향 두고 뛰쳐나온 타향살이 인생
고향은 그리운데 사람이 싫다
집성촌 양반이라 없음 여김 해야 했나
밥술이나 먹는다고 그렇게 무시하나

건너편 끝 골목 마지막 찾는 집
해지고 바람 부니 움츠린 몸 떨린다
꾸깃꾸깃 접은 돈 잃어버리지나 않았나
주머니에 손 넣으니 잃지는 않았는데
마지막 찾은 집 국밥 장사하려나
기대하고 가 보니 아줌니 네 한 집만 문을 열었다
반갑기도 반갑고 서럽기도 서럽고
반가워 들어가니 반갑게 맞아준다
우선 선술 깍두기에 술 한 잔 먹으니
뭐 그리 급하냐는 아줌니 묻는 말에

울컥 쏟아지는 가슴의 눈물
참고 참으며 빨리 달라 재촉 했다
뭔가 사연이 있는 것 같아 눈치 챈 아줌니
실컷 먹어라 가득 담아 주시더니
내 사연 물어 고개 저으며 들으신다
술도 한잔 따라주며 끝까지 들으신다
나는 내 사연 아줌니께 들려 드리고
아줌니도 아줌니 사연을 나에게 들려주니
따라주고 따라드린 술에 온갖 인생 세월이 다 녹는다
고향 담은 마지막 술 한 잔도 나를 단칸방으로 빨리 가라 등 떠민다

기다림의 봄

설지나 보름이면
씨앗 준비하는데
봄은 아직
나뭇가지에서
머뭇댄다

그리운 고향
고향 찾는 봄
놀던 개울가
미나리꽝
그 보리밭

바구니 든
아이들
멀리서 부는 듯
버들피리 부는 소리
귓가에 들려온다

바다

깎아내린 절벽

깎이는 바위

물은 무엇이고

바람은 무엇인가

세월의 흔적

파도가 휩쓴다

추억의 설

얼굴에 분 바르고
댕기 머리 틀었으니
나 얼마나 예쁠까

색동옷 여미고
할머니네 가는 길
나 얼마나 예뻐할까

때때옷 사내들
누더기 옷 사내들
너 어디 가니 자꾸만 묻는다

설 짐

아이들이 코 뚫고
아내가 얹진 멍에
이 무거운 짐
언제 내려놓을까

갈수록 언덕 많고
끝이 없는 길
힘들어 쉬자니
날 저물어 가야한다

코뚜레는 못 벗어도
멍에는 벗겨 줄 것인데
벗겨주는 그날이
문밖 나서는 날인가

어떤 사연

가슴에 넣고
앓아야 하나
이야기하여
풀어야 하나

이러지도
저러지도
말 못할 사연

속으로 울고
겉으로 웃고
저 하늘 높이
허공에 띄운다

설 석양

그믐 저녁보다
더 쓸쓸한 저녁
산 중턱에 오르니
하루해 거둬 간다

지금 이 시간
어느 지붕 아래는
음식 놓고 마주 앉아
웃음꽃 필 것인데

이 기슭의 새 한 마리는
나뭇가지를 떠난다
먹은 것은 있는지
쓸쓸히 떠난다

친구의 얼굴

친구야
이번 설에 고향에 갔니
나는 못 가겠어
가야 반겨주는 사람도
없을 것 같고
그리 아는 사람도 없어

그러나 마음은
고향 찾아가 뛰어놀았지
뻥튀기 얻어먹고
엿 얻어먹고
굴뚝 뒤 썰매 꺼내어
썰매도 타고 놀았어

그리고 그때 우리
너 코딱지 떼어 입에 넣었던 날
나는 누런 코 팔뚝에 문질러
늘 번들번들 거렸지
뚫어진 양말 돌려 신고
너에게 새것처럼 보이려고

너 찢어 트린 내 까만 고무신 기억나

집에 가서 혼날까 봐
발 시려도 한 짝은 들고 다녔지
그 고무신 아직도 못 꿰맸어
너 만나면 너희 바늘로 같이 꿰매어
해 질 무렵 집에 들어가려고

개울의 설

징검다리 건너
할머니네 가는 길
손에 든 것 놓칠세라
디딘 발 움츠리고
흔들릴까 흔들어도
흔들리지 않네

얼음이 잡아 주는
건너는 징검다리
건너다 멈춰서
귀 기울여 보면
어느새 쪼르르
봄소식 전해오고

내 몸만큼 커져가는
저 버들강아지
얼음 녹아 봄이 오면
아이들 모으려나
그다음 나 불러
미나리꽝 데려가고

바다의 섬

멀리 저 섬 오막살이
저녁연기 피어오르고
철썩이는 파도 소리
노을을 바라본다

누가 저 섬을 찾았나
아니 누가 찾을까
갈매기 추워
바위 뒤에 비켜서고

어둠에 묻히는
바다의 섬
적막의 파도 소리
바람이 데려간다

남자와 여자

여자는
그 집을 떠나야 하나

남자는
그 집을 지켜야 하고

반대로

남자가
그 집을 떠나야 하나

여자가
그 집을 지켜야 하고

그러면

사회적
혼란은 어떻게 할 것인가

섞이는
혈통을 무엇으로 막아내고

봄소식

설날 내린 보슬비

버들가지 멍들이고

봄은 아직 멀었는데

달래 냉이 잠 깨운다

어느 양지의 새싹이

먼저 돋을까

가녀린 새소리

짝을 찾는다

서운한 설

봄바람도 아니고
겨울바람도 아니고
날카롭지 않아도
옷깃이 여미어진다

내리는 보슬비도 한 몫을 더했다
옛 설에 못 보았던 눈 대신 보슬비
설도 세월 가면 내리던 눈이
보슬비로 변하는 것인가

설답지 않게 쓸쓸히 지난 설
마음만 무거워 형식에 그쳐야 했고
옛 생각 추억에 젖어
그리움으로 보내야 했다

이제 들뜬 마음 아우성도 지나고
봄 아닌 봄 언덕 보리밭이 그리워진다
다가올 보름 명절에
즐겨 놀던 놀이의 추억도 그리워지고……

제3부

보리밭의 노을

한곳으로 몰리는
논 안의 이끼 풀
그 사잇길 지나
보리밭 들어서니

불어오는 봄바람
이끼 풀은 모았어도
언덕의 청 보리는
눕히지 못했다

밤이슬 내려
다음날 돌아오면
불던 바람 멎어지고
노을만 질 것인데

우물 둥치의 봄

내리는 두레박
하늘 끝닿아
몇 조각 흰 구름
그리움에 얼룩지고

담 넘어온 휘파람
누가 나를 엿보는 듯
나는 못 들었어도
누렁이 개 짖어댄다

정월 대보름

강 건너 저 마을 누가 사는지
멀리 깡통 불 동그라미 그리고
산꼭대기의 짚불 하늘 높이 오른다
이곳의 불놀이도 그렇게 보이는지
그곳에서 야호 하면 여기서도 야호 하고
보내오고 보내는 소리 메아리로 남는다
한낮의 줄다리기는 개울 건너 양쪽 마을
한해의 소원 성취 안녕을 빌었고……

작은 풍경

누가 나를
세상으로 내보냈나
어머니 밖 나와 보니
어둠도 밝음도
내 것이 아니고
겨울도 춥고
여름도 춥다
입고 먹는 것은
누구의 것인가

넓은 줄 알았던
눈 안의 세상
엉켜진 소리마다
가닥이 없고
눈 안의 것도 좁아져
삐뚤기만 한 세상
내 것도 안 될 것을
빼앗아 쥐고 넣고
디딘 발 속임은
누구의 마음인가

사랑

사랑 했어요
나는 내가
내 것이 아니고
당신의 것이에요

누구의 것이든
당신은
누구의 것이 아니고
내 것이에요

나 하나의 사랑
나는 없어요
존재 하나라도
당신의 것이니까요

옥녀봉

너의 이름 옥녀 바위
전설의 옥녀 바위
누가 지은 이름인데
전설에 남아 있나

중턱을 오르내린
옥녀의 혼 인가
봉우리에 남겨진
옥녀의 한 인가

옥녀 바위 안고 온
옥녀봉의 그 세월
한 많은 옥녀의 혼
그 누가 풀어주나

봄 바다

갈매기 울음인가
그날의 미련인가
그 갈매기 소리
파도에 묻힌다

오막살이 짓자 던
굳은 꿈의 그 약속
함께 했던 날
다 어데 갔나

철썩이는 파도만
그날을 지운다

추억의 온돌

옛 우리의 삶은 아름다웠다
그리고 정이 깊었다
시멘트 귀했던 시절
흙에 의존해 살았고
흙으로 둥지 틀어
그 자리에 흙으로
보금자리를 만들었다
그릇 종류도(사발 기타……)
흙으로 만들었지 않았나
역사 아닌 그 환경에서 태어나
그렇게 자랐다

밥 묻어 따뜻하게 하고
빨래도 말려 입었다
어린 동생 오줌 싸면
그 옷 기저귀도 말렸다
앓는 식구 병치레도 그 온돌에서 했다
손님 오면 아랫목으로 모시는 것이 예의였고
뒷산 쪼개진 바위 떼어
단단하고 납작한 돌만 골라(구들돌)
두꺼운 돌은 아랫목에 깔고
얇은 돌은 윗목에 깔았다

아궁이 이맛돌도 그 돌로 놓았고

그다음 흙으로 붙이고 발랐다
빨간 찰흙 있는 곳이 따로 있어
한겨울 농한기에 지게로 퍼 날랐다
산지기 집에 품으로 일해주고 얻었다
짚 썰어 섞어 방 바르고 벽 바르고
쌀광 나뭇광 여물 광 변소(화장실) 굴뚝
다 이 찰흙으로 붙이고 발랐다
수수깡 싸리나무도 한몫했고
이 온돌 흙 속에서 자라난 옛 우리들
기와집 지붕도 이 흙으로 이었다
종이 귀했던 그 시절에……

사랑의 꿈

사랑 안에는

기쁨도 있고
슬픔도 있다
행복도 있고
불행도 있다

사랑 안에는

괴로움도 있고
즐거움도 있다
그리움도 있고
기다림도 있다

사랑 안에는

후회도 있고
아픔도 있다
이별도 있고
상처도 있다

사랑 안에는

밀물도 있고
썰물도 있다
맑음도 있고
흐림도 있다

사랑 안에는

마지막이 없다
사랑해야 한다
그런 사랑 만나
사랑해야 한다

사랑 밖에는

세월이 덮어주고
시간이 말해준다
그 세월은 인생을
나이에 묶어 둔다

바위의 그리움

스쳐 가는 기억의 날
잃어버린 봄 찾아
고향의 봄 찾는다
먼 훗날이 만드는
부끄러운 추억

나뭇가지 헤치고
언덕에 오르니
넓은 바위 양지에
그 새소리 들리고
가물가물 그 모습
미소 짓는다

주머니 속 예쁜 사금파리
이곳에 놓아야 하나
아니 저곳에 놓을까
둘이는 솥 걸어 밥 지었는데
국은 아직 끓이지 못했다

나그네의 노을

해가 뜨면 몸이 춥고
중천에 떠 허기에 춥다
기운 해에 마음 시리니
몸 녹일 곳 어디인가

내일이 없는 인생
차가운 얼음 세상
밤이 오면 무엇하고
낮이 되면 무엇하나

메마른 인심에
마주 보기 싫은 세상
내 몸에 뭐 묻었나
왜 나를 바라보나

얻은 타향 버리고
노을 따라가는 길
운명은 이 몸을
어디로 데려가나

스쳐 간 사람들

내 앞을 스쳐 간 사람들
수많은 그 사람들
셀 수도 없지만 기억도 없다
얼굴도 모르고 이름도 잃었다
기억으로 더듬으면 얼마 안 되는데
그마저 만나는 사람은 몇 명일 뿐
다 스쳐 간 잃은 사람들이다
인연이 데려오고 데려간 사람들이다

기억에 있는 사람이라면
속 이야기 나누며 은혜에 고마운 사람
감정에 미워했던 사람
더 나가 지금도 풀리지 않는
증오하고 증오해야 할 사람이 있다
은혜에 고마운 사람은 항상 미안한데
속이고 이용하고 괴롭힌 사람은
지금도 그 감정 풀리지 않는다

오고 가다 만날까
마음이 불안하다
만나면 내가 어떻게 해야 하나
피해서 간다 해도 괴로울 것 같다

사람은 내 손 안의 이익보다
사람을 얻어야 하는데
어찌 그것을 모르고 살아가나
이 좋은 세상 좋게 왔다 좋게 갈 것이지

남자 등 굽는 날

일 년의 달력 보며
또 한 장 넘기는데
달력 안 숫자에
내가 들어 있고
그다음에 들어있는 것은
돈 내는 날짜가 들어 있다

전기 요금 수도 요금 가스 요금
전화 요금 보험료 신문 값
자동차세 재산세 사글세
휘발유 값 카드 값 정기적금
학원비 유선 시청료 정화조 수거료
아이들 용돈 아내의 용돈 교육비

또 다른 경조사비 회비는
뒤로 밀어 놓더라도
비밀로 쓸 돈이 숨어서 기다린다
시곗바늘에 매달려 기다리는 한 달
열두 장 달력에 몇십 년 보냈어도
주머니 뒤져보면 빈 주머니뿐이다

봄 변또(도시락)

멀리 추억 언덕 넘어
그 시절로 돌아간다
이 시대로 보면 부끄러운 일
그 시대로 보면 흔했던 일
그 시대에 있었어도 부끄러웠다

엄마 나 핵꾜 보내줘
안 돼 멀어서 안 돼
겨울에 추워 못 다녀
여름에는 뜨겁고
집에서 엄마 심부름이나 해

옆집 니 동무도
안 간다 하더라
국민핵꾜가 뭐 별거냐
한글만 깨우치면 됐지
너희 아버지도 안 된다할 거다

신발 살 돈도 없고
옷도 없는데
핵꾜가 무슨 핵꾜야
니 누나도 그래서 못 보냈어

밥을 굶을 판인데 무슨 핵꾜야

집에서 쇠풀 베고
니 에비 심부름이나 해
이제 며칠 있다 보름 지나면
씨앗 챙겨 씨앗 넣을 것이고
못자리 준비도 해야 하는데

더구나 너는 멀어서
변또 싸야 해
날마다 뭐로 변또 싸니
반찬이라야 짠지 콩장 새우젓뿐 인데
밥은 어쩌고 보리밥인데

너 쌀독 긁는 소리 못 들어
그 핵꾜 나와 봐야
벼슬할 것도 아니고
그렇다고 면장을 지낼 거냐
너 말고 안 다니는 애 많으니 가지 마

내일 당장 여물간에 가서
여물 퍼다 쇠죽이나 쒀놔

뭇자리 일 소 들어오면 쇠죽 먹이게
그리고 물 솥에 물 부어 놓았으니
물 뜨겁게 데워 놓고

꼭 해놔 물 데워 놓고
쇠죽 쑤어 놓고
안 해놓으면 니 에비한테
쫓겨나는 줄 알아
꼭해 놓아야 해 불 난 일으키지 말고

눈물에 눈물로
삶을 배웠다
아쉬운 것을 알았다
다음이라는 것을 알았고
배고픔이 어떠한 것까지……

가족 싸움

욕심 앞에는 혈육도 없는 것인가
돈 놓고 마주 보며 싸우는 가족들
처지에 놓이면 나도 그럴지 몰라도
그렇게까지는 하고 싶지 않다
돈이란 잠시 나에게 머무는 것이지
혈육의 정까지 끊을 정도로 영원하지 못하다
당사자는 물론 아이들까지 보지 않는다
차라리 이웃만치도 못한 가족들
서로 원수가 되어 외면하고 산다
모시는 조상도 각자 날 잡아 찾아뵙는다
묘에 잠든 조상들이 그렇게까지 원치 않았을 것인데
어찌 법원까지 드나들어야 했는지

ㅇㅇ지역개발 지구에 임야 전답이 수용되는데
그 건설사에서 땅 보상을 한다는 것이다
많게는 몇 십만 평이 되고
적게는 몇천 몇백 평이 된다
그 평수에 따라 돈도 적고 많게 보상 된다
많게 보상되는 가족은 평생 못 보았던 사람이
같은 성씨 같은 본 같은 파라 한 몫 하자 달려들기도 한다
끝은 싸움이 되고 분류는 법이 한다
적게 보상되는 가족 중에는 늘 함께한 가족인데

보상관계 이권 다툼으로 원수가 되고 만다
이산가족 상봉 및 가족 찾기 그 이면에 비춰진 서글픔인가
또 하나의 모습들이 보는 이 마음을 어지럽힌다

오빠의 봄

잊지 않았겠지요

기억하고 있는지요

그 비둘기 울던 날

둘이 걸었던 길

그곳의 진달래

예쁘게 피겠지요

그때처럼 예쁘게

꺾이고 싶도록요

벌의 세월

꽃은 예쁜데

주름 잡힌 날개에

힘이 없었다

외로운 길

그리워 찾아가니
아무도 없고
디딘 발 아쉬워
뒤돌아본다

이 자리의 속삭임은
새 소리뿐이었나
지난날 그 이야기
다시 들린다

못 잊을 마음에
이 걷는 양지의 길
모습에 그 이야기
추억에 잠든다

보름달

한가위 추석 달에
고향이 보이더니
정월 보름에는
인생이 보인다
누구의 인생을
저 달이 비춰줄까

아른대는
동무의 얼굴
뛰어놀던
동산 냇가
호랑이 할머니까지
뚜렷하게 보이는데

그렇게 흘러온
이 인생의 세월은
어디에 숨었나
찾을 수 없었고
바라본 달은
구름이 가렸다

봄 이야기

산에 오르면

진달래 이야기

보리밭 지나면

종달새 이야기

징검다리 건너

냇가에 들어서면

버들가지 꺾는 아이

지네 누나 자랑한다

제4부

봄 언덕

정든 이 언덕 몇 번을 오를까
들리는 새 소리에 하늘 올려보니
한 조각구름 산을 넘는다
나 어릴 적부터 오르내린 이 언덕
바구니 내려놓고 집 바라보니
저 집이 나 자란 곳인가 마음 무겁고
초가에 잠든 집 늙을까 기다린다
바구니 호미도 마지막이 될 언덕
고향이 될지 친정이 될지
담기는 달래 냉이에 서운함 섞이고
봄 처녀 나의 이름 호미 끝이 지운다

보름의 봄

설 명절 보름 명절
다 지나고 나니
뒤적이던 화롯불
밑으로 내려간다

그래도 남은 추위
언제 떠나려나
썰렁한 집안 해 기울어 춥고
식구 없으니 방안이 쓸쓸하다

명절 전후로 아이가 된 마음
늙어 그러나 사람이 그립고
안팎으로 해야 할 일
한해가 걱정된다

이제 곧 봄 돌아오면
무엇부터 해야 하나
매달린 씨앗 다락에 씨앗
논밭에 넣으려니 잔소리 되고

듣지 않는 늙은이 말
어떻게 부려 먹나

부르니 오기를 하나
말을 하니 듣기를 하나

젊은 놈들 젊었다
이 늙은이 말 안 듣는다
붙들어 매 놓은 줄 아는 세월
얼마 안 있어 팔월이 될 것인데

냉이의 바람

애야 울지 마라
네 어미 곧
들어올 것이니
울지 마라

네가 잃은 것은
네 어미가 아니고
세월을 잃은 것이니
울지 마라

네 에미는
그 세월
따라간 것이고
독한 것

짐승도 제 새끼 찾아
제집에 들어오건만
어찌 몇 달을
소식이 없다더냐

그렇다고 이 할미
잘못도 없는데

멀리 네 울음소리나
듣고 있는지

봄 젖

부끄러울 것 없다
부끄러워해서도 안 된다
무엇이 부끄러울까
우리 부모님들 어떻게 자랐나
아니 어떻게 명을 이을 수 있었나

업을 띠에 포대기만으로도
안 되었던 보릿고개 그때 그 시절
밥물로 명을 이었고
이웃집 아기 엄마 방물장수의 동냥젖에
명을 이어 우리들을 낳아 길렀다

아이가 울면 때와 장소 가리지 않고
어느 곳에서나 젖을 꺼내어
우는 아이 허기를 달래주었다
지금도 어머니 다음
은혜의 어머니로 찾아뵙는 어머니

까마귀의 봄

이 자리 나의 울음소리

아이들은 못 듣는다

울타리 없는 이 상엿집

누가 먼저 찾을까

가마때기 덮은 이

멍석 이불 덮은 이

이 꽃가마 집 못 찾고

저 꽃 보며 그냥 가나

작은 하늘

흐려진 그리움
하늘에 올리고
방향 없는 시선 따라
옛날을 회상한다

누구의 이름인 듯
부끄러운 이름일까
부르면 그리움
더 멀어지고

만났던 그 날도
아픔의 그 시간도
지워지는 미련에
아픈 기억 길 잃는다

김일성 동지

오르내린 이산 저산
어느 산을 더 넘나
가시에 찔리고
끄트럭에 긁히고
찢어 트린 고무신
나 어떻게 하나

욕심에 주운 삐라
공책이 몇 권일까
지서 앞을 기웃대니
무서운 순경이 나온다
3원짜리 공책 들고 무섭게 나온다

삶의 길목

인생은
나의 것이 아니다
운명도 그렇고
돌아보면 다 아쉽고
부족함이 많은 인생

다른 길 모를 운명도
한 번쯤 걷고 싶어
마음을 바꾸어도
맞이하고 걸어보면
그 길도 아니다

버리고 비워도
내 인생은 없는 것
찾아도 그것은
내 인생이 아니다

조용한 시간

창밖을 바라보면
아무것도 없는데
마음은 계절 지나
작년 봄 다시 온다

이 한잔 커피에
담기는 봄인가
오늘 아닌 옛날의 봄
그리움 남기고

고향의 언덕마다
좋아했던 아이까지
진달래 찔레꽃
그 꿈도 스쳐 간다

그 바다

추억도 있었고
기억도 있었다
노을에 잠드는
속삭인 날처럼
그 날의 행복도
가슴에 있었다

이제 남아있는
그리움 하나에
가버린 날의 꿈
그 꿈 접고 접어
파도에 던진다.

3.1절을 앞두고

지금 우리 민족
어디로 가고 있습니까
아이부터 어른까지
무엇을 하고 있습니까

잣대는 많은데
곧은 자 없는 민족
기초부터 무너진
미래가 없는 민족

독 안에든 쥐 보며
느끼지 못하니
태극기 바라보면
눈물이 납니다

냇가의 봄

이 징검다리를
누가 건널까

밟으면 갸우뚱
바구니 놓칠세라

양지의 미나리
파릇파릇 돋아나고

발 닿으면 차가운 물
소리 내어 흐른다

병아리의 꿈

수수깡 울타리에

봄바람 스며드니

에미 품의 병아리

나들이 꿈꾼다

이 구름 떼 지나면

저곳 양지바를까

에미 닭 이리저리

개나리꽃 둘러본다

섬 그늘

섬 그늘은 언제나 추운 곳인가
그림자 벗어나면 해넘이에 춥고
썰물에 갯벌 드러나면
갈매기 울음에 더 춥다
한겨울 추워 추운 것이 아니라
봄이어도 바람 불면 그렇게 느껴진다
갯벌 뒤적이는 갈매기 몇 마리들
저 갈매기 몇 마리는 썰물 따라 못 갔는지
아니면 배고파 그 물때를 기다렸는지
갯벌 한번 뒤적이고 먼 곳 바라보고
다시 뒤적이며 한 번씩 울어대는데
길지도 않은 짧은 울음이
바람 타고 들려와 더 춥게 만든다
홀로 찾은 이 몸을 옷깃으로 여며주기라도 하듯
더욱더 쓸쓸히 돌아서게 만든다

나룻배 인생

누구의 인생이
제자리에 머무를까
가야 하는 것이다
가야 한다
시간에 얹혀 가야 한다

뜬눈의 세상이든
감은 눈의 세상이든
다 버리고 가야 한다
다시 돌아갈 수 없는
두 번이 없는 세상

강물도 구름도
한 번가면 그만인데
마음만 사공 되어
거스르면 무엇하나
가야 한다 다 버리고 가야 한다

보리밭의 달

빨랫방망이를

어디에 놓았었지

찾으러 온 방망이

보이지 않는 밤

봇물에 어리는 달

소쩍새 부르고

보리밭 달빛은

그렇게 흘러갔다

첫사랑의 봄

손으로 접으며
모두 잊어야했던 날
양지 녘 제비꽃은
그 자리를 지켰는데
민들레는 꽃씨 되어
바람 따라 가버렸다

떠오르는 날마다
아름다운 기억들
그 소중했던 날의 꿈이
제비꽃 이였다면
꽃씨 된 민들레는
무엇이었나

처음도 지금도
나누어지지 않는 날
양지 녘 봄 노을
밤이슬 앉히고
못 잊을 속삭임
쓸쓸히 돌아선다

화롯불의 봄

앞 냇가 봄버들은
청춘이 오는데
마루 끝 이 늙은 몸
양지만 오는구나

양지도 구름 가려
하늘 올려보니
어느새 지붕 위
해 떨어져 음지 되고

몰아세우는 봄바람
방으로 쫓는다
대청마루 덜컥대는
바람 설거지 소리

세월이 흔드나
바람이 흔드나
매달린 씨앗 봉지
걸린 키 떨어지고

녹슨 화롯불
다 식어간다

이제 한술 밥에
밤이 올 것인데

잠 안 오는 긴긴밤
무엇으로 보내나
서럽다 늙은 몸
부른 아이 도망간다

소꿉의 봄

살며시 그려보는
그날의 소꿉놀이
모래 퍼 밥하고
풀 뜯어 국 끓이고

진달래 찧은 반찬
여기에 놓을까
사금파리 그릇
아직도 모자란다

그때 엄마 노릇
누가 했었지
칡넝쿨에 업힌 베게
지금도 운다

병원 문을 나서며

세상의 것을
얼마나 보았나
귀에 담은 것이
무엇이었고

다 씻고 내려놓으니
아무것도 아닌데
그 감정 누르고
썩히고 삭히고

채우고 더 얻으려
얼마나 고생했나
걸어서 나오는 몸
감을 눈 돌아본다

이 도서의 국립중앙도서관 출판예정도서목록(CIP)은 서지정보유통지원시스템
홈페이지(http://seoji.nl.go.kr)와 국가자료공동목록시스템(http://www.nl.go.kr/kolisnet)에서
이용하실 수 있습니다. (CIP제어번호 : CIP2017005728)

세월에게 묻는다

초판 1쇄 발행 2017년 3월 27일

지은이 이원문 **펴낸이** 임정일
책임 임병천 **편집** 김지해, 김수경 **디자인** 이동헌

펴낸곳 책나무출판사
출판신고 2004년 4월 22일(제318-00034)

주소 서울시 영등포구 신길3동 325-70 3F
전화 02-338-1228 **팩스** 0505-866-8254
홈페이지 www.booktree.info

ISBN 978-89-6339-511-1 03810